公共服务领域国家通用手语系列

公共政务服务领域
国家通用手语百句（试行）

史玉凤　陈蓓琴　编著

南京师范大学出版社

图书在版编目（CIP）数据

公共政务服务领域国家通用手语百句：试行 / 史玉凤，陈蓓琴编著 . -- 南京：南京师范大学出版社，2024.11. --（公共服务领域国家通用手语系列推广手册）. ISBN 978-7-5651-6718-8

Ⅰ. H126.3

中国国家版本馆 CIP 数据核字第 2024AJ2086 号

丛 书 名	公共服务领域国家通用手语系列推广手册
书　　名	公共政务服务领域国家通用手语百句（试行）
编　　著	史玉凤　陈蓓琴
策划编辑	彭　茜
责任编辑	马璐璐
出版发行	南京师范大学出版社
地　　址	江苏省南京市玄武区后宰门西村 9 号（邮编：210016）
电　　话	（025）83598919（总编办）　83598412（营销部）　83373872（邮购部）
网　　址	http://press.njnu.edu.cn
电子信箱	nspzbb@njnu.edu.cn
照　　排	南京凯建文化发展有限公司
印　　刷	南京玉河印刷厂
开　　本	880 毫米 ×1230 毫米　1/32
印　　张	6.625
字　　数	132 千
版　　次	2024 年 11 月第 1 版
印　　次	2024 年 11 月第 1 次印刷
书　　号	ISBN 978-7-5651-6718-8
定　　价	35.00 元

出 版 人　张　鹏

南京师大版图书若有印装问题请与销售商调换

版权所有　侵犯必究

前　言

公共政务服务领域涵盖了政府为公众提供的一系列服务，包括但不限于行政许可、行政确认、行政裁决、行政给付、行政奖励、行政备案等行政权力事项，还有公共教育、劳动就业、社会保险、医疗卫生、养老服务、社会服务、住房保障、文化体育、残疾人服务等公共服务事项，旨在提供更加优质、高效、便捷的服务，以满足人民群众的需求。近年来，国务院出台了多项政策支持政务服务的标准化、规范化和便利化。《"十四五"公共服务规划》提出，到2025年将基本形成政府保障基本、社会多元参与、全民共建共享的公共服务供给格局，民生福祉达到新水平。这意味着在未来几年内，公共政务服务领域将继续深化改革，提升服务质量和效率，以满足人民群众日益增长的多样化、个性化、高品质的公共服务需求。

手语是听力残疾人（俗称聋人）参与社会生活、沟通交往的主要工具，是聋人相互之间以及聋人与外界之间沟通交往的视觉语言，是国家语言文字的重要组成部分。由于听力障碍，聋人与政务服务人员沟通相对困难，常常错过重要的服务通知或政策更新；加上政务服务流程通常较为复杂，涉及多个步骤和文件准备，对于聋人来说，理解这些流程并完成相应的文书工作可能会更加困难。据了解，大部分政务服务中心都缺乏专门为聋人提供的手语翻译服务；有些地方政府和公共服务机构虽然已经开始采取措施，如设立手语工作站、提供远程手语翻译等，但面向聋人提供的政务服务手语的规范性和针对性还有待进一步优化和提高，以确保聋人能够像普通市民一样享受到便捷、高效的政务服务。

为全面贯彻落实党的二十大和二十届二中全会、二十届三中全会精神，把坚持高质量发展作为新时代的硬道理，落实《国家语言文字事业"十四五"发展规划》《第二期国家手语和盲文规范化行动计划（2021—2025年）》，推进国家通用手语在社会生活中的推广使用，在江苏省残疾人联合会支持下，国家语言文字推广基地南京特殊教育师范学院中国盲文手语推广服务中心（以下简称"中心"）组建研制团队，开展项目研究，主要针对户政、婚姻、社会保障、税务、公共租赁住房、出入境、就业创业与培训、交通驾驶等聋人在日常生活中涉及的公共政务服务领域，根据各服务行业的工作特点与实际需要，精心筹划国家通用手语的服务范畴与内容，共计选择了一百多句常用手语，统称为"百句"并编辑成册，形成了《公共政务服务领域国家通用手语百句（试行）》。

该书以《国家通用手语常用词表》（2018年版）为指导，

前　言

确保手语推广和使用的规范性。此外，书中对《国家通用手语词典》(2019年版)没有覆盖到的公共政务服务领域手语词汇进行了补充。研制组充分发挥聋人的主体作用，从词到句，经过反复研究、讨论和实验比对，书中每个常用句都配有手语打法说明，对手的位置、掌心（或手背、虎口）朝向、移动方向以及双手交替动作的先后顺序均做了具体规定；所有语句都配有图片和视频，可通过二维码扫读，图文并茂，动静结合，一目了然，简便易学。为了便于读者更好地了解本书中手语的具体打法，看懂图片意思，研制组参考了龚群虎、杨军辉2003年草拟的《中国手语的汉语转写方案》及2022年1月的修订版，对书中的一些标记符号做了如下说明：

1. 复合词各语素间用"–"连接，如"居住–房"。

2. 词与词之间的界限记作"/"，如"请在这里签上您的姓名"，转写成"您/姓名/这里/签字"。

3. ①②表示该词目有两种打法，标①或②表示采用该词目的第①种打法或第②种打法，如"支出①"。

4. 词目后面标"（一）"，表示此处选用该词目打法中的第一个手势动作，如"办公（一）"。

5. 汉语释义后加"+"表示动作反复或名词的复数，手势重复两次，记作"++"；重复两次以上，则记作"+++"。如"等++"表示"等等"；"问++"表示"问一下，问问"；

"庆祝（自身→对方）++，结婚/登记/办公（一）/成功②"，表示"恭喜你们，结婚登记手续已经办理完毕"，此处的"庆祝（自身→对方）++"，表示"恭喜、庆祝"之意。

6. 陈述句、疑问句、祈使句分别用汉语标点符号"。""？""！"表示；复句的小句间用"，"分隔；句（或短语）中的词界记作"/"。如"如果/问题/有，随时/联系（对方→自身）"，汉语表达是"如有疑问，请随时联系我们"。

7. 当需要描述动作的方向时，则在动词后的"（ ）"里用"→"标明起点与终点，如"给（自身→对方）/服务/我/高兴"，手势动作由自身朝对方打出，表示给别人提供服务，很高兴；如果在"（ ）"里加上"位置1""位置2"，则用来表示不同的位置，如"感谢/你们/耐心/等待（位置1）/和/配合（位置2）"，表示"感谢你们的耐心等待和配合"；"（ ）"里还可以加上描述性的内容，如"去（朝向取号机）"，表示"往取号机处去"的意思。

8. 当表示两个单手手势必须同时组合表达时，用"〈 〉"来表示。比如"〈号码+5〉"表示"5号"。此处在表达"〈号码+5〉"时需要左右手同时呈现，即左手打"匚"形，虎口朝内；右手同时呈现"5"的手形，表示"5号"之意。

9. 凡带✳的句子，表示两种打法都可以，即既可按照汉语语序来表达，也可按照聋人表达习惯颠倒使用。如"请准备好双方身份证、户口簿",可表达成"准备-好/彼此/身份证(位置1)/户口簿(位置2)",也可表达成"彼此/身份证(位置1)/户口簿(位置2)/要/准备-好"。这样,听人学起来较为容易,同时也考虑到了聋人视觉优先的特点。

10. 手语和汉语互译要根据需要、结合语境来进行具体分析,正所谓"词不离句";要从整体大意出发,修饰局部细节,需要的时候要适当省略和添加成分。如"请提供社会保障卡或身份证",转写为"您/社会①-保护①-卡①(位置1)/或/身份证(位置2)/给(对方→自身)",转写时加上"您",表示在和办业务的人交流。

作为"公共服务领域国家通用手语系列推广手册"的第三本,《公共政务服务领域国家通用手语百句(试行)》的出版,将为听力残疾人、公共政务服务行业人员、残疾人联合会工作人员、手语翻译专业学生和全社会学习、使用国家通用手语提供直接帮助,对新领域国家通用手语的研发具有创新价值和借鉴意义。

本书研制编写期间,中心主任陈蓓琴教授负责项目策划、框架设计、统筹协调、全书统稿和出版推广;项目具体负责人史玉凤教授负责全书的内容选定、手语翻译、文本呈现和统稿;中国聋人协会手语研究与推广委员会副主任兼秘书长、中心特聘研究员沈刚(聋),南京特殊教育师范学院特殊教育学院戴曼莉(聋)积极参与本书的手语转译、手语词汇审核

等工作；中心手语主持徐鸣宏（聋）出镜为本书做手语图片及视频示范；南京特殊教育师范学院数学与信息科学学院李明扬老师负责拍摄与剪辑；南京特殊教育师范学院特殊教育学院特教2008班本科生周诗琪和冉丽、特教2108班本科生余欣怡及特教2331班本科生方童、李梓漫参与手语图片制作，韩梅副教授、刘凯毅老师负责手语指导及全书校对；中国聋人协会手语委员会名誉主任邱丽君（聋）参与全书审校，南京特殊教育师范学院语言学院郭新文副教授统筹全书配套视频；中心副主任陈兵负责项目保障。

国家手语和盲文研究中心专家团队顾定倩、高辉、于缘缘、王晨华、乌永胜（聋）、仇冰（聋）、恒淼（聋）等，对书中《国家通用手语常用词典》（2019年版）没有覆盖到的词汇及短语的手语打法进行了集中鉴定，提出了中肯的意见和建设性建议，确保《公共政务服务领域国家通用手语百句（试行）》既符合手语语言学规范，又切合聋人视觉交流沟通的特点，易于理解和学习。

中国残疾人联合会有关领导程凯、李东梅、韩咏梅、崔瑞芳、林帅华、郑莉等始终关心和指导着本书的研制编写工作。江苏省残疾人联合会党组书记、理事长姜爱军，南京特殊教育师范学院党委书记黄军伟对本书出版寄予厚望。本书的研制工作得到江苏省残疾人联合会、南京特殊教育师范学院的全力支持，使得研制组能获得各项保障，研制工作能顺

前　言

利推进。本书凝聚了多方面人员的智慧和心血，是共同努力的结果。值此付梓之际，谨向所有关心、支持、帮助《公共政务服务领域国家通用手语百句（试行）》研制、出版的单位和个人表示衷心的感谢！

党的二十大报告明确提出"加大国家通用语言文字推广力度"。在今年全国教育大会上，习近平总书记强调"加大国家通用语言文字推广力度"，促进铸牢中华民族共同体意识。国家通用语言文字是中华民族共同性的重要标志之一，是铸牢中华民族共同体意识的文化基因。这一重要论述为新时代国家语言文字事业的发展、语言文字工作的重点、国家通用语言文字的推广普及进一步指明了方向、提供了根本遵循。中心将一如既往，不忘初心和职责，在推广的道路上继续探索，努力创新，进一步增强责任感和使命感，推动残健融合，促进社会发展。

限于我们的专业水平和能力，本书难免存在不完善之处，希望广大读者提出宝贵意见，以便今后进一步完善。

编　者

2024 年 10 月

目 录

一 常用语

1. 您好！请坐！ 003
✱ 2. 对不起。没关系。 004
3. 谢谢！不客气。 005
4. 请您排队等候。 006
5. 很高兴为您服务。 007
6. 您好，请问您有什么需要帮助的？ 008
7. 请问您需要办理什么业务？ 009
   扩展词汇：户政、婚姻、社保、税务、出入境、就业、交通驾驶、医疗健康…… 010
8. 请根据您要办理的业务在取号机上取号。 012
9. 请 16 号到 5 号窗口办理业务。 013
✱ 10. 请准备好所有的相关材料。 014
11. 请您核对一下信息，确保准确无误。 016
12. 请您填写这份表格。 017
13. 请在这里签上您的姓名。 018
14. 非常抱歉，我们的系统正在维护中，请您稍后再试。 019

8. 双方携带身份证、户口簿、结婚证等证件共同到婚姻登记机关提出离婚申请。　068

9. 请你们填写《离婚登记申请书》并领取《离婚登记申请受理回执单》。　070

10. 请你们冷静思考，如果真要离婚，30天后再来办理离婚登记。　072

11. 请在离婚协议书、相关表格材料上签字并按指纹。　074

五　社会保障

1. 请问您要办理哪项社会保障业务？　077

2. 社会保险包括养老保险、医疗保险、失业保险、工伤保险等。　078

3. 我们会为您提供社会保险的缴费标准、待遇享受等详细信息。　080

4. 个人账户是指用于记录个人社会保险缴费和待遇支付情况的账户。　082

5. 请提供社会保障卡或身份证，以便我们查询您的社保信息。　084

6. 您的社保缴费已经成功，这是缴费凭证，请妥善保管。　086

7. 您的社会保障卡已过期，需要到指定银行或人社局办理换卡业务。　088

目 录

六 税务

1. 我们这里可以办理税务登记、纳税申报和交税等业务。 093
2. 灵活就业人员可以自行申报缴纳社会保险费，需要填写《社会保险费缴费申报表》。 095
3. 办理个人所得税业务，先下载个人所得税 APP，根据流程进行操作。 098
4. 有关税收政策，请查阅《中华人民共和国个人所得税法实施条例》。 100
5. 如果有子女教育支出或赡养老人的支出，可以享受相应的优惠政策。 103
6. 残疾人通过提供残疾证、身份证，提出申请，可享受免税政策。 105
7. 您的情况比较特殊，建议您咨询专业的税务人员或法律顾问。 107

七 公共租赁住房

1. 房屋的交易方式有多种，如购房、租赁、转让等。 111
2. 城市中等偏下收入、住房困难家庭可申请承租公共租赁住房。 113
3. 申请承租公共租赁住房的流程。 115

（1）到户籍所在地居委会提交书面申请； 116

（2）填写《住房保障申请表》； 117

（3）书面承诺提交的材料真实可信； 118

（4）由街道、区民政部门、区房改办、市房改办等审核； 119

（5）审核通过后由区房改办组织选房。 121

八 出入境

1. 出入境业务主要办理因私护照、港澳台通行证等业务。 125

2. 请您提供身份证、照片和申请表，我们需要核实您的申请信息。 127

3. 您的护照申请已经受理，预计7个工作日内完成。 129

4. 办理普通护照收费标准为120元/本。 131

5. 普通护照的有效期为：护照持有人未满16周岁的5年，16周岁以上（含）的10年。 132

6. 办理普通护照补发需要提供以下材料。 134

（1）申请表； 135

（2）照片； 136

（3）原护照复印件或户口簿、居民身份证的原件以及复印件。 137

7. 采集指纹，按照先右手、后左手的顺序轮流进行。 139

8. 电子护照申请时需当面签署本人姓名。 141

目 录

九　就业创业与培训

1. 我们可以提供就业政策、培训信息及求职登记。　145
2. 您的求职登记已经受理，我们会尽快为您推荐合适的岗位。　147
3. 我们可以为您提供劳动法律法规咨询。　149
4. 根据您的技能和经验，我们推荐您关注这些企业和岗位。　150
5. 我们可以为您预约面试时间，并协助您准备面试材料。　152
6. 请问您是办理公司设立、变更还是注销业务？　154
7. 我们那边窗口可以提供公章刻制、银行开户等配套服务。　155
8. 全体城乡创业者可申报富民创业担保贷款。　157
   （1）担保贷款额度，可根据个人自主创业、小微企业等类型进行申请；　159
   （2）个人自主创业贷款，最高额度50万；　161
   （3）小微企业贷款，最高额度300万。　163
9. 我们会定期举办各种创业技能培训。　164
10. 培训报名已经开始，请您尽快提交报名表和相关材料。　165
11. 您可以关注我们发布的培训信息，选择适合自己的课程。　167
12. 培训结束后，我们会为您提供结业证书和技能评估报告。　169

十　交通驾驶

1. 有听力障碍的人员，佩戴助听设备后听力达到规定要求的，可以申请小型汽车（C1）或者申请小型自动挡汽车（C2）驾照。　　173
2. 您的驾照还有一个月到期，您需要提交体检证明和填写驾驶证更新申请表。　　176
3. 到指定的医疗机构进行体检，获取体检证明。　　179
4. 驾驶证可以异地换证。　　180
5. 驾驶证超过有效期一年内，可以直接申请期满换证。　　181
6. 交通违章罚款可以通过多种途径缴纳，具体方式包括。　　183
   （1）车主可以在交警大队使用银行卡刷卡缴纳罚款；　　184
   （2）可以携带交警开具的罚款单到指定银行进行缴费；　　186
   （3）可以通过交管12123 APP、官方微信、支付宝等线上平台缴纳罚款；　　188
   （4）可以通过邮政代办点缴纳罚款；　　190
   （5）部分地铁站、便利店和银行内设有自助缴费终端机，可以处理罚款事宜。　　191

一 常用语

一　常用语

1. 您好！请坐！

手语：您/好！请/坐！

您

好

请

坐

2. 对不起。没关系。

手语打法一：对不起①。没关系②。

对不起① 　　　　　没关系②

手语打法二：对不起②。没关系②。

对不起② 　　　　　没关系②

一 常用语

3. 谢谢！不客气。

手语：谢谢！客气（一）/不。

谢谢

客气（一） 　　　　　不

4. 请您排队等候。

手语：请 / 排队 / 等候。

请

排队 　　等候

一　常用语

5. 很高兴为您服务。

手语：给（自身→对方）/ 服务 / 我 / 高兴。

给（自身→对方） 　　服务

我 　　高兴

6. 您好，请问您有什么需要帮助的?

手语：您 / 好，需要① / 帮助（自身→对方）/ 什么?

您 　　　　　好

需要① 　　　帮助（自身→对方） 　　　什么?

7. 请问您需要办理什么业务？

手语：您 / 要 / 办公（一）/ 什么？

您	要

办公（一）	什么？

扩展词汇：户政、婚姻、社保、税务、出入境、就业、交通驾驶、医疗健康……

手语：户（户口）- 政［政府①（一）］、婚姻、社会① - 保［保险（一）］、税务［税务局（一）（二）］、出 - 回家②（一）- 海关（二）、就业、交通 - 驾驶、医疗 - 健康……

户（户口）- 政［政府①（一）］

婚姻

社会① - 保［保险（一）］

税务［税务局（一）（二）］

一　常用语

出－回家②（一）－海关（二）

就业 　　　　　交通－驾驶

医疗－健康

8. 请根据您要办理的业务在取号机上取号。

手语：根据 / 业务 / 您 / 去（朝向取号机）/ 取 - 号码。

根据

业务

您

去（朝向取号机）

取 - 号码

9. 请 16 号到 5 号窗口办理业务。

☞ 手语：请/〈号码+16〉/去/文件①（二）/〈号码+5〉/办公（一）。

请	〈号码+16〉	去
文件①（二）	〈号码+5〉	办公（一）

✳ 10. 请准备好所有的相关材料。

手语打法一：准备-好 / 所有 / 有-关系 / 材料①。

准备-好

所有

有-关系

材料①

一　常用语

👉 手语打法二：所有 / 有 – 关系 / 材料① / 准备 – 好。

所有

有 – 关系

材料①

准备 – 好

11. 请您核对一下信息，确保准确无误。

手语：您 / 核对 / 信息，好不好。

您 　　　　　核对

信息 　　　　好不好

12. 请您填写这份表格。

手语：您 / 写字 / 表格 /〈表格 + 这里〉。

您

写字

表格

〈表格 + 这里〉

13. 请在这里签上您的姓名。

手语：您 / 姓名 / 这里 / 签字。

您

姓名

这里

签字

14. 非常抱歉,我们的系统正在维护中,请您稍后再试。

> 手语:抱歉,现在/系统/修理,请/您/等－稍微/再/试验(一)。

抱歉

现在　　　　　系统　　　　　修理

公共政务服务领域国家通用手语百句（试行）

请　　　　您

等－稍微

再　　　　试验（一）

15. 您的申请已经受理,这是您的办理凭证。

手语:您／申请／接受／完了,这里－是／您／办公(一)－凭证。

您 　　申请 　　接受 　　完了

这里－是

您 　　办公(一)－凭证

16. 请您妥善保管好您的证件和资料。

手语：您/证书（一）(位置1)/材料①（位置2）/保管/好。

您 　　　证书（一）(位置1) 　　材料①（位置2）

保管 　　　好

一 常用语

17. 您办理的业务，预计 5 个工作日内完成，我们会尽快通知您。

手语：您/办公（一）/这里，估算/工作①-节日（二）/〈5+天〉/内/完成，我们/会/立刻/通知①/您。

您 　　　办公（一） 　　　这里

估算

工作①-节日（二）

公共政务服务领域国家通用手语百句（试行）

〈5+ 天〉 　　内 　　完成

我们 　　会

立刻 　　通知① 　　您

一　常用语

18. 如有疑问，请随时联系我们。

☞ 手语：如果/问题/有，随时/联系（对方→自身）。

如果 　　　　　　问题 　　　　　　有

随时 　　　　　　　　　　　　　联系（对方→自身）

19. 如有需要，我们可以为您提供上门服务。

手语：如果 / 需要① ，我们 / 可以 / 送教上门（一） / 服务。

如果

需要①

我们

可以

送教上门（一）

服务

一 常用语

20. 请您保持信息畅通,我们会及时与您联系。

☞ 手语:您/保持/信息/畅通,我们/会/立刻/联系(自身→对方)。

您　　　　　　　　　　保持

信息  　　　　　　　　　畅通

公共政务服务领域国家通用手语百句（试行）

我们 　　　　　　　会

立刻 　　　联系（自身→对方）

21. 请您放心,我们会保护您的个人隐私。

手语:您/放心,我们/会/保护①/您/个－人/隐蔽－自私。

您

放心

我们

会

公共政务服务领域国家通用手语百句（试行）

保护①  您

个－人

隐蔽－自私

22. 如有不到之处,请您随时提出,我们会尽力改进。

手语:如果/缺点/有,请/随时/提议(对方→自身),我们/会/立刻/改变-进步②。

| 如果 |  缺点 |  有 |

| 请 |  随时 |  提议(对方→自身) |

公共政务服务领域国家通用手语百句(试行)

我们

会　　　　　立刻

改变－进步②

23. 我们的服务时间是周一至周五，上午 9 点到下午 5 点。

手语：我们/服务/时间/是/星期一①/横/〈星期一①+五〉，上午①/〈手表+9〉/横/下午①/〈手表+5〉。

| 我们 |  | 服务 | 时间 |

| 是 | 星期一① | 横 | 〈星期一①+五〉 |

公共政务服务领域国家通用手语百句（试行）

上午①

〈手表+9〉    横

下午①    〈手表+5〉

24. 外面下雨了，那边有雨伞可以借用。

手语：外面/雨，那里/伞/有/借②（伞→对方）/可以。

| 外面 | 雨 |

| 那里 | 伞 | |

| 有 | 借②（伞→对方） | 可以 |

25. 母婴室、饮水机、卫生间在那边。

> 手语：母-婴儿-室（位置1）/饮水机（位置2）/卫生间（位置3）/都/那里。

母-婴儿-室（位置1）

饮水机（位置2）

卫生间（位置3） 　　都 　　　　那里

二 生活缴费

二　生活缴费

1. 请提供一下您的户号。

手语：您 / 户口 - 号码 / 告诉（对方→自身）。

您

户口 - 号码 　　　　告诉（对方→自身）

扩展词：姓名、家庭住址、电话号码

手语：姓名、家 / 地址、电话 / 号码

姓名

家

地址

电话

号码

二　生活缴费

2. 可以现金缴费,也可以用微信或支付宝缴费。

手语:钱/支出①/可以,微信(位置1)/支付宝(位置2)/支出①/都/可以。

钱 　　　　支出① 　　　　可以

微信(位置1)　　　　支付宝(位置2)

支出① 　　　　都 　　　　可以

3. 我们这边提供水费缴纳服务。

手语：我们 / 这里 / 有 / 自来水－钱 / 支出① / 服务。

我们 　　　　　　　　这里

有　　　　　　　自来水－钱

支出① 　　　　服务

4. 燃气费和电费可以去专门的服务点缴纳。

手语：燃气灶（一）-钱（位置1）/电-钱（位置2）/可以/去/专门（一）/服务-房/支出①。

燃气灶（一）-钱（位置1)

电-钱（位置2）

可以

去

专门（一）

服务-房

支出①

5. 如需缴费明细或发票，请到柜面办理。

手语：如果／需要①／支出①／具体（一）-提纲（二）（位置1）／或／发票（位置2），到／那里／办公（一）。

如果 　　　　需要① 　　　　支出①

具体（一）-提纲（二）（位置1） 　　　或

发票（位置2） 　　到 　　那里 　　办公（一）

三 户政

三 户政

1. 您好，请问您是来办理哪类户政业务？

手语：您/好，您/来/办公（一）/户口－政策（一）/业务/什么？

| 您 | 好 | 您 | 来 |

| 办公（一） | 户口－政策（一） |

| 业务 | 什么？ |

2. 这里可以办新生儿户口申报。

手语：新①－出生 / 户口 / 申请－报名 / 这里 / 办公（一）/ 可以。

新①－出生 　　　户口

申请－报名

这里 　　办公（一） 　　可以

三 户政

扩展词：身份证、居住证、死亡登记、户口注销

> 手语：身份证、居住证、死亡/登记、户口/注销。

身份证

居住证

死亡

登记

户口

注销

049

3. 您的出生登记信息已经核实无误,可以办理居民身份证了。

手语:您 / 出生 / 登记 / 信息 / 核实 / 全部 - 好,身份证 / 办公(一)/ 可以。

|  您 |  出生 |  登记 |  信息 |

| 核实 | | 全部 - 好 |

| 身份证 |  办公(一) |  可以 |

三　户政

4. 请您提供身份证和户口簿,我们需要核实您的身份信息。

手语:您／身份证(位置1)／户口簿(位置2)／给(对方→自身),我们／需要①／核实。

您

身份证(位置1)

户口簿(位置2)

给(对方→自身)

我们

需要①

核实

5. 请您提供户口迁移原因和证明材料。

手语：您 / 户口 / 移动 / 理由（位置1）/ 证明① / 材料①（位置2）/ 给（对方→自身）。

您 　　　　　　户口 　　　　　　移动

理由（位置1） 　　证明① 　　材料①（位置2）

给（对方→自身）

6. 您的户口迁移申请已经受理，预计 1 个工作日内完成。

手语：您 / 户口 / 移动 / 申请 / 接受 / 完了，估算 / 工作① - 节日（二）/ 一天 / 内 / 完成。

您	户口	移动

申请	接受	完了

公共政务服务领域国家通用手语百句（试行）

估算

工作①－节日（二）

一天 　　　内 　　　完成

四 婚姻

四 婚姻

✳ 1. 你们需要了解相关的法律法规和权利义务。

手语打法一：你们/需要①/了解①/有-关系/法律（位置1）/和/权利/义务（位置2）。

| 你们 | 需要① | 了解① |

| 有-关系 | 法律（位置1） |

| 和 | 权利 | 义务（位置2） |

057

公共政务服务领域国家通用手语百句（试行）

👉 手语打法二：有－关系/法律（位置1）/和/权利/义务（位置2）/你们/了解①/需要①。

有－关系 　　　　　　　　法律（位置1）

和 　　　　　　权利 　　　　　　义务（位置2）

你们 　　　　　了解① 　　　　　需要①

四 婚姻

✱ 2. 请准备好双方身份证、户口簿。

👉 手语打法一：准备-好/彼此/身份证（位置1）/户口簿（位置2）。

准备-好

彼此 　　　身份证（位置1）

户口簿（位置2）

公共政务服务领域国家通用手语百句(试行)

👉 手语打法二:彼此/身份证(位置1)/户口簿(位置2)/要/准备-好。

彼此 　　　　身份证(位置1)

户口簿(位置2)

要 　　　　准备-好

四　婚姻

3. 填写《申请结婚登记声明书》，阅读《结婚告知单》，签字并按指纹。

> 手语：写字 / 申请 / 结婚 / 登记 / 声明 / 文件①（二），浏览 / 结婚 / 告诉 - 知道 - 文件①（二），签字 / 契约（二）。

| 写字 |  申请 |  结婚 |  登记 |

| 声明 | |  文件①（二） |

公共政务服务领域国家通用手语百句（试行）

浏览 　　　　　结婚

告诉－知道－文件①（二）

签字 　　　　　契约（二）

四 婚姻

4. 恭喜你们，结婚登记手续已经办理完毕。

手语：庆祝（自身→对方）++，结婚/登记/办公（一）/成功②。

庆祝（自身→对方）++

结婚 　　　　登记

办公（一） 　　成功②

5. 感谢你们的耐心等待和配合。

手语：感谢 / 你们 / 耐心 / 等待（位置1）/ 和 / 配合（位置2）。

感谢

你们

耐心

等待（位置1）

和

配合（位置2）

四　婚姻

6. 祝你们新婚快乐，白头偕老！

👉 手语：祝 / 你俩 / 新① - 婚姻 / 快乐 / 白头偕老！

祝 　　　你俩

新① - 婚姻 　　　快乐

白头偕老

7. 补办结婚证需要携带身份证、户口簿、原婚姻登记部门出具的证明。

手语：结婚－证明②/补贴（一）－办公（一）/需要①/拿/身份证（位置1）/户口簿（位置2）/以前/婚姻/登记/部－门/提供/证明②（位置3）。

结婚－证明②

补贴（一）－办公（一） 　　需要① 　　拿

四　婚姻

身份证（位置1） 　　户口簿（位置2） 　　以前

婚姻 　　登记  　　部-门

提供 　　证明②（位置3）

8. 双方携带身份证、户口簿、结婚证等证件共同到婚姻登记机关提出离婚申请。

手语：你俩 / 拿 / 身份证（位置1）/ 户口簿（位置2）/ 结婚－证明②（位置3）/ 种类（一）/ 一起 / 到 / 婚姻 / 登记 / 机关 / 申请 / 离婚。

你俩 　　　　　拿 　　　　身份证（位置1）

户口簿（位置2） 　　　结婚－证明②（位置3）

四 婚姻

种类（一）　　一起　　到

婚姻　　登记　　机关

申请　　离婚

9. 请你们填写《离婚登记申请书》并领取《离婚登记申请受理回执单》。

手语：你们 / 离婚 / 登记 / 申请 – 文件①（二）/ 写字 / 了 / 拿 / 这里 / 反馈 – 文件①（二）。

你们

离婚 　　　　　　　　登记

四　婚姻

申请－文件①（二）

写字　　　了　　　拿　　　这里

反馈－文件①（二）

10. 请你们冷静思考，如果真要离婚，30天后再来办理离婚登记。

手语：你们/冷静/思考，如果/离婚/决定，〈30+天〉/以后/再/来/办公（一）/离婚/登记。

你们 　　　　冷静 　　　　思考

如果 　　　　离婚 　　　　决定

四　婚姻

〈30+ 天〉　　　　　以后

再　　　来　　　办公（一）

离婚　　　登记

11. 请在离婚协议书、相关表格材料上签字并按指纹。

手语：请 / 离婚 / 协议－文件①（二）/ 有－关系 / 表格 / 〈表格＋这里〉/ 签字 / 契约（二）。

请　　　　　　　　　　　离婚

协议－文件①（二） 　　　　　　有－关系

表格 　　〈表格＋这里〉 　　签字 　　契约（二）

五 社会保障

五　社会保障

1. 请问您要办理哪项社会保障业务？

手语：您 / 要 / 办公（一）/ 社会① - 保障① / 业务 / 什么？

您

要

办公（一）

社会① - 保障①

业务

什么？

2. 社会保险包括养老保险、医疗保险、失业保险、工伤保险等。

> 手语：社会－保险／包括①／养老金（一）（二）－保险（位置1）、医疗－保险（位置2）、失业－保险（位置3）、工伤－保险（位置4）／种类（一）。

社会－保险

包括①

养老金（一）（二）－保险（位置1）

五 社会保障

医疗－保险（位置2）

失业－保险（位置3）

工伤－保险（位置4） 　　　种类（一）

3. 我们会为您提供社会保险的缴费标准、待遇享受等详细信息。

手语：我们/会/提供（自身→对方）/社会－保险/支出①/标准/待遇/享受/种类（一）/具体（一）/信息。

我们 　　　　　　　　　会 　　提供（自身→对方）

社会－保险

五　社会保障

支出①  　　　标准  　　　　待遇

享受

种类（一） 　　具体（一） 　　信息

4. 个人账户是指用于记录个人社会保险缴费和待遇支付情况的账户。

手语：个－人／账户／是／专门（一）／记录②／个－人／社会－保险／支出①（位置1）／待遇／支出①／情况（位置2）。

个－人 　　　账户

是 　　　专门（一） 　　　记录②

五 社会保障

个－人 　　　　　　社会－保险

支出①（位置1） 　　　待遇

支出① 　　情况（位置2）

5. 请提供社会保障卡或身份证，以便我们查询您的社保信息。

> 手语：您 / 社会①-保护①-卡①（位置1）/ 或 / 身份证（位置2）/ 给（对方→自身），方便 / 我们 / 检查 / 社会①-保护① / 信息。

您　　　　　　　　社会①-保护①-卡①（位置1）

或 　　　身份证（位置2） 　　给（对方→自身）

五　社会保障

方便

我们

检查

社会①－保护①

信息

6. 您的社保缴费已经成功，这是缴费凭证，请妥善保管。

手语：您/社会①-保护①/支出①/成功②，这里/是/支出①/凭证，请/保管/好。

您

社会①-保护①

支出①

成功②

五　社会保障

这里　　是　　支出①　　凭证

请

保管　　　　　好

7. 您的社会保障卡已过期，需要到指定银行或人社局办理换卡业务。

手语：您/社会①－保护①－卡①/过期，需要①/到/那里－决定/银行（位置1）/或/人－社会①－局（位置2）/办公（一）/换－卡①。

您

社会①－保护①－卡①（位置1）

过期

五　社会保障

需要① 　　　　到

那里－决定

银行（位置1） 　　或

公共政务服务领域国家通用手语百句(试行)

人－社会①－局(位置2)

办公(一)

换－卡①

六 税务

六 税务

1. 我们这里可以办理税务登记、纳税申报和交税等业务。

手语：这里/可以/办公（一）/税务局（一）（二）-登记（位置1）/纳税-申请-报名（位置2）/交税（位置3）/种类（一）。

这里　　　可以　　　办公（一）

税务局（一）（二）-登记（位置1）

公共政务服务领域国家通用手语百句(试行)

纳税－申请－报名(位置2)

交税(位置3)

种类(一)

六　税务

2. 灵活就业人员可以自行申报缴纳社会保险费，需要填写《社会保险费缴费申报表》。

手语：活/就业/人/可以/自己/申请-报名/支出①/社会①-保险-钱，需要①/写字/文件①（二）/社会①-保险/钱/支出①/申请-报名-表格。

| 活 | 就业 | 人 |

| 可以 | 自己 | 申请-报名 |

公共政务服务领域国家通用手语百句（试行）

支出①　　　　　社会①－保险

钱 　　　　　需要①

写字 　　　　　文件①（二）

六　税务

社会①－保险

钱　　　　支出①

申请－报名－表格

3. 办理个人所得税业务，先下载个人所得税 APP，根据流程进行操作。

> 手语：办公（一）/个-人/收获-税款（一），先/下载/A-P-P/姓名/个-人/收获-税款（一），根据/程序/操作（模仿点击手机状）。

办公（一） 　　　　　　　个-人

收获-税款（一）

六 税务

先 　　　下载 　　　A-P-P 　　　姓名

个-人 　　　　　收获-税款（一）

根据 　　　程序 　　　操作
（模仿点击手机状）

4. 有关税收政策，请查阅《中华人民共和国个人所得税法实施条例》。

> 手语：有-关系/税收/政策，书名号/中华人民共和国/个-人-收获-税款（一）-法/落实-做/条例/这里/请/找-浏览。

有-关系

税收

政策

六 税务

书名号

中华人民共和国

个－人－收获－税款（一）－法

公共政务服务领域国家通用手语百句(试行)

落实 – 做

条例

这里 　　　请 　　　找 – 浏览

六 税务

5. 如果有子女教育支出或赡养老人的支出，可以享受相应的优惠政策。

手语：如果/小孩儿/教育（位置1）/养老院（一）（二）（位置2）/支出① ++/有，享受/优待/政策/可以。

| 如果 | 小孩儿 | 教育（位置1） |

| 养老院（一）（二）（位置2） | 支出① ++ | 有 |

公共政务服务领域国家通用手语百句(试行)

享受

优待

政策 　　　　　　　可以

六　税务

6. 残疾人通过提供残疾证、身份证，提出申请，可享受免税政策。

手语：残疾人①/提供/残疾人证（位置1）/身份证（位置2），申请，享受/税款（一）-免费/政策/可以。

残疾人① 　　　　　　　　　　　提供

残疾人证（位置1） 　　　　　　身份证（位置2）

公共政务服务领域国家通用手语百句（试行）

申请

享受 　　　　　　　　　税款（一）- 免费

政策 　　　　可以

六　税务

7. 您的情况比较特殊，建议您咨询专业的税务人员或法律顾问。

> 手语：您/情况/特殊，主张/您/咨询/专业/税务局（一）（二）–职员（二）/或/法律/顾问。

| 您 | 情况 | 特殊 |

| 主张 | 您 | 咨询 |

公共政务服务领域国家通用手语百句(试行)

专业

税务局(一)(二)-职员(二)　　　　或

法律　　　　　　　　顾问

七 公共租赁住房

七 公共租赁住房

1. 房屋的交易方式有多种，如购房、租赁、转让等。

手语：房子/交易/方式/多，比如/买－房/出租/转让/种类（一）。

房子 　　　交易

方式 　　　多

公共政务服务领域国家通用手语百句（试行）

比如

买－房 　　出租

转让 　　种类（一）

2. 城市中等偏下收入、住房困难家庭可申请承租公共租赁住房。

手语：城市/收入/中档/低/居住－房/困难①/群众/可以/申请/公共/出租/居住－房。

城市	收入

中档	低

公共政务服务领域国家通用手语百句(试行)

居住-房 　　　　困难① 　　　　群众

可以 　　　　申请  　　　　公共

出租  　　　　居住-房

七 公共租赁住房

3. 申请承租公共租赁住房的流程。

☞ 手语：申请/出租/公共/居住－房/步骤。

申请 　　　　　出租

公共

居住－房 　　　　　步骤

公共政务服务领域国家通用手语百句（试行）

（1）到户籍所在地居委会提交书面申请；

手语：文件①（二）-写字/申请/提供/户籍/籍贯（二）-地/居住-委员（一）-会议；

文件①（二）-写字 　　　申请

提供 　　　户籍  　　　籍贯（二）-地

居住-委员（一）-会议

（2）填写《住房保障申请表》；

手语：写字 / 居住 – 房 / 保障① / 申请 – 表格；

写字

居住 – 房

保障①

申请 – 表格

（3）书面承诺提交的材料真实可信；

手语：文件①（二）- 写字 / 承诺 / 提供 / 材料① / 真实①；

文件①（二）- 写字 　　　承诺

提供 　　　材料① 　　　真实①

七　公共租赁住房

（4）由街道、区民政部门、区房改办、市房改办等审核；

> 手语：街道（位置1）/区-民政②-部门（位置2）/区-房-改变-办公（一）（位置3）/市①-房-改变-办公（一）（位置4）/种类（一）/负责/核实；

街道（位置1）

区-民政②-部门（位置2）

119

公共政务服务领域国家通用手语百句(试行)

区－房－改变－办公(一)(位置3)

市①－房－改变－办公(一)(位置4)

种类(一)    负责    核实

（5）审核通过后由区房改办组织选房。

👉 手语：核实/通过①/以后/区-房-改变-办公（一）/组织①/挑选-房。

核实

通过①　　以后

公共政务服务领域国家通用手语百句（试行）

区－房－改变－办公（一）

组织① 　　　　　挑选－房

八 出入境

八　出入境

1. 出入境业务主要办理因私护照、港澳台通行证等业务。

手语：出－回家②（一）－海关（二）/业务/主要/办公（一）/个－人/护照/香港－澳门－台湾/通行证/种类（一）。

出－回家②（一）－海关（二）

业务

主要

办公（一）

公共政务服务领域国家通用手语百句（试行）

个 - 人　　　　　　护照

香港 - 澳门 - 台湾

通行证 　　　　　种类（一）

八 出入境

2. 请您提供身份证、照片和申请表,我们需要核实您的申请信息。

> 手语:您/身份证(位置1)/照片(位置2)/申请-表格(位置3)/给(对方→自身),我们/需要①/核实。

您 　　　　　身份证(位置1)

照片(位置2) 　　　　申请-表格(位置3)

公共政务服务领域国家通用手语百句（试行）

给（对方→自身）

我们

需要①  核实

八　出入境

3. 您的护照申请已经受理，预计 7 个工作日内完成。

手语：您 / 护照 / 申请 / 接受 / 完了，估算 / 工作①－节日（二）/〈7+天〉/ 内 / 完成。

您

护照

申请

接受

完了

估算

工作①-节日(二)

〈7+天〉 　　　内 　　　完成

4. 办理普通护照收费标准为 120 元 / 本。

手语：办公（一）/ 普通 / 护照 / 钱 / 标准 / 本 /1/ 人民币 /120。

办公（一） 　　　普通  　　　　　　　护照

钱 　　　　　标准  　　　　　本 　　　　　1

人民币 　　　　　　　120

5. 普通护照的有效期为：护照持有人未满 16 周岁的 5 年，16 周岁以上（含）的 10 年。

手语：普通/护照/有效②－时期（二）/人/年龄/16/满/没有/限制/〈5+年〉，年龄/〈及格+16〉/限制/〈10+年〉。

普通　　　　　　护照

有效②－时期（二）

八　出入境

人 　　　　　年龄 　　　　　16

满 　　　　没有 　　　　限制 　　　　〈5+ 年〉

年龄 　　　〈及格+16〉 　　　限制 　　　〈10+ 年〉

6. 办理普通护照补发需要提供以下材料。

手语：补偿（一）/办公（一）/普通/护照/需要①/提供/材料①/项目。

| 补偿（一） | 办公（一） | 普通 |

| 护照 | 需要① |

| 提供 | 材料① | 项目 |

八　出入境

（1）申请表；

👉 手语：申请－表格；

申请－表格

（2）照片；

👉 手语：照片；

照片

八 出入境

（3）原护照复印件或户口簿、居民身份证的原件以及复印件。

> 手语：以前／护照／复印－文件②（二）（位置1）／或／户口簿（位置2）／身份证（位置3）／和／复印－文件②（二）（位置4）。

以前　　　　　　　　　　护照

复印－文件②（二）（位置1） 　　　　　或

公共政务服务领域国家通用手语百句(试行)

户口簿(位置2) 　　身份证(位置3)

和  　　复印-文件②(二)(位置4)

八 出入境

7. 采集指纹，按照先右手、后左手的顺序轮流进行。

☞ 手语：指（指纹），首先/右手/换/左手/这里/按钮+++（模仿采集指纹动作）/按钮+++（模仿采集指纹动作）。

指（指纹）	首先	右手
换	左手	这里

按钮+++（模仿采集指纹动作）

按钮+++（模仿采集指纹动作）

八 出入境

8. 电子护照申请时需当面签署本人姓名。

手语：电子－护照／申请／需要①／人（对方→自身）／当面／自己／姓名／签字。

电子－护照

申请　　　　需要①

公共政务服务领域国家通用手语百句(试行)

人(对方→自身) 　　当面

自己 　　姓名 　　签字

九 就业创业与培训

九　就业创业与培训

1. 我们可以提供就业政策、培训信息及求职登记。

手语：我们／可以／提供／就业／政策（位置1）／培训／信息（位置2）／找－工作①／登记（位置3）。

我们		可以

提供	就业	

政策（位置1）

145

公共政务服务领域国家通用手语百句（试行）

培训　　　　　信息（位置2）

找－工作①

登记（位置3）

九　就业创业与培训

2. 您的求职登记已经受理，我们会尽快为您推荐合适的岗位。

手语：您/找-工作①/登记/接受/完了，我们/会/立刻/帮助（自身→对方）/推荐/符合/岗位。

您　　　　　　　　　　找-工作①

登记 　　　　接受 　　　　完了

公共政务服务领域国家通用手语百句（试行）

我们 　　　　　　　　　　会

立刻 　　帮助（自身→对方）  　　推荐

符合 　　　　岗位

3. 我们可以为您提供劳动法律法规咨询。

手语：我们 / 可以 / 提供（自身→对方）/ 劳动 / 法律 / 咨询。

我们 　　　　　可以

提供（自身→对方） 　　　劳动

法律 　　　　　咨询

4. 根据您的技能和经验，我们推荐您关注这些企业和岗位。

手语：根据/您/技术-能力（一）/和/经验，我们/推荐/您/关心（一）-注意①/那些/企业/和/岗位。

根据	您	技术-能力（一）	

和	经验

九　就业创业与培训

我们　　　　　　　　　推荐

您　　　关心（一）-注意①　　　那些

企业　　　　　和　　　　岗位

5. 我们可以为您预约面试时间，并协助您准备面试材料。

手语：我们/可以/帮助（自身→对方）/预约/当面-试验（一）/时间，辅助/准备/当面-试验（一）/材料①。

我们

可以

帮助（自身→对方）

预约

九　就业创业与培训

当面－试验（一） 　　　　时间

辅助 　　　　准备

当面－试验（一） 　　　　材料①

6. 请问您是办理公司设立、变更还是注销业务？

> 手语：您/办公（一）/公司/设立（位置1）/变化－换（位置2）/注销（位置3）/哪？

| 您 | 办公（一） | 公司 |

| 设立（位置1） | 变化－换（位置2） |

| 注销（位置3） | 哪？ |

九 就业创业与培训

7. 我们那边窗口可以提供公章刻制、银行开户等配套服务。

> 手语：我们/那里/可以/提供/公-印章/雕刻（位置1）/银行/开户（位置2）/种类（一）/服务。

我们 　　　那里

可以 　　　提供

公共政务服务领域国家通用手语百句（试行）

公 - 印章 　　　　　　雕刻（位置1）

银行 　　　　　　开户（位置2）

种类（一） 　　　　服务

8. 全体城乡创业者可申报富民创业担保贷款。

> 手语：所有/城市－乡/创新（一）－就业（二）－人/申请－报名/富裕－民族（一）/创新（一）－就业（二）/担保②/贷款/可以。

所有

城市－乡

创新（一）－就业（二）－人

公共政务服务领域国家通用手语百句（试行）

申请－报名

富裕－民族（一）

创新（一）－就业（二）

担保②

贷款

可以

九　就业创业与培训

（1）担保贷款额度，可根据个人自主创业、小微企业等类型进行申请；

> 手语：担保②/贷款/额度，可以/根据/个－人/自主/创新（一）－就业（二）（位置1）/微观（一）－企业（位置2）/种类（一）/申请；

| 担保② | 贷款 | 额度 |

| 可以 | 根据 | 个－人 |

公共政务服务领域国家通用手语百句（试行）

自主

创新（一）-就业（二）（位置1）

微观（一）-企业（位置2）

种类（一）

申请

九　就业创业与培训

（2）个人自主创业贷款，最高额度50万；

> 手语：个-人/自主/创新（一）-就业（二）/贷款，额度/最②-高/50-万；

个-人

自主

创新（一）-就业（二）

贷款

公共政务服务领域国家通用手语百句(试行)

额度

最②-高

50-万

（3）小微企业贷款，最高额度 300 万。

手语：微观（一）- 企业 / 贷款，额度 / 最② - 高 /300- 万。

微观（一）- 企业

贷款

额度

最② - 高

300- 万

9. 我们会定期举办各种创业技能培训。

手语：我们／会／定期／举办／种类（一）／创新（一）－就业（二）／技术－能力（一）／培训。

| 我们 | 会 | 定期 |

| 举办 | 种类（一） |

| 创新（一）－就业（二） | 技术－能力（一） | 培训 |

九　就业创业与培训

10. 培训报名已经开始,请您尽快提交报名表和相关材料。

> 手语:培训/报名/开始,您/立刻/提供/报名-表格(位置1)/和/有-关系/材料①(位置2)。

培训	 报名	 开始

您	 立刻	 提供

公共政务服务领域国家通用手语百句(试行)

报名－表格(位置1) 　　　和

有－关系

材料①(位置2)

九　就业创业与培训

11. 您可以关注我们发布的培训信息，选择适合自己的课程。

手语：我们 / 公布 / 培训 / 信息 / 您 / 可以 / 关心（一）- 注意①，挑选 / 符合 / 自己 / 课程。

我们　　　　　　　　　　　　　公布

培训 　　　　　信息 　　　　　您

公共政务服务领域国家通用手语百句(试行)

可以　　　　　关心(一)-注意①

挑选 　　　　　符合

自己 　　　　　课程

12. 培训结束后，我们会为您提供结业证书和技能评估报告。

手语：培训/结束，我们/会/提供（自身→对方）/结业/证书/和/技术－能力（一）/评估/报告。

培训 　　　结束

我们 　　　　　　　会

公共政务服务领域国家通用手语百句(试行)

提供(自身→对方)  　　结业

证书 　　和

技术-能力(一) 　　评估 　　报告

十 交通驾驶

十　交通驾驶

1. 有听力障碍的人员，佩戴助听设备后听力达到规定要求的，可以申请小型汽车（C1）或者申请小型自动挡汽车（C2）驾照。

> 手语：聋人，助听器/完了/听力/规定①/要求/符合，可以/申请/小－样子/汽车②－〈C+1〉/或者/自动－挡（模仿提拉车挡状）/〈C+2〉/驾照。

聋人

助听器 　　完了 　　　　　听力

公共政务服务领域国家通用手语百句（试行）

规定①

要求 　　　　符合

可以 　　　申请  　　　小-样子

十　交通驾驶

汽车②-〈C+1〉　　　或者

自动-挡（模仿提拉车挡状）

〈C+2〉　　　驾照

2. 您的驾照还有一个月到期，您需要提交体检证明和填写驾驶证更新申请表。

手语：您/驾照/期限/还－有/一个月，您/需要①/提供/身体－检查/证明②（位置1）/和/写字/驾照/更新/申请－表格（位置2）。

您 　　　　　　　驾照

期限

十 交通驾驶

还 - 有 　　　　一个月

您 　　　　需要① 　　　　提供

身体 - 检查  　　　　证明②（位置1）

公共政务服务领域国家通用手语百句（试行）

和 　　　　　写字　　　　　　驾照

更新

申请－表格（位置2）

3. 到指定的医疗机构进行体检，获取体检证明。

手语：到/那里－决定/医疗/机构/身体－检查，拿/身体－检查/证明①。

到　　　　　那里－决定　　　　　医疗

机构　　　　　　身体－检查

拿　　　　　身体－检查 　　　　证明①

4. 驾驶证可以异地换证。

手语：外－地/换/驾照/可以。

外－地

换

驾照

可以

5. 驾驶证超过有效期一年内，可以直接申请期满换证。

> 手语：驾照 / 过期，但是② / 不满 / 一年，直接 / 申请 / 驾照 / 换 / 可以。

驾照

过期

但是②

公共政务服务领域国家通用手语百句(试行)

不满 　　　一年

直接 　　申请

驾照 　　换 　　可以

十　交通驾驶

6. 交通违章罚款可以通过多种途径缴纳，具体方式包括。

手语：违反①/交通/规则/处罚②，支出①/方式/多，包括①。

| 违反① | 交通 | 规则 |

| 处罚② | 支出① | 方式 |

| 多 | 包括① |

（1）车主可以在交警大队使用银行卡刷卡缴纳罚款；

手语：汽车②-主持（一）/在/交警/大-队伍/用/银行-卡①/卡②/支出①/处罚②-钱/可以；

汽车②-主持（一） 　　　　　在

交警 　　　　　大-队伍

十 交通驾驶

用　　　　银行－卡①

卡② 　　　支出①

处罚②－钱 　　　可以

（2）可以携带交警开具的罚款单到指定银行进行缴费；

手语：带②/交警/提供/处罚②-钱-文件①（二）/到/那里-决定/银行/支出①/可以；

带②　　　　　　　　交警 　　　　　　　　提供

处罚②-钱-文件①（二）

十　交通驾驶

到　　　　　　那里－决定

银行　　　　　支出①　　　　　可以

（3）可以通过交管 **12123APP**、官方微信、支付宝等线上平台缴纳罚款；

手语：手机/APP/交通－管理（一）/1-2-1-2-3（位置1）/官①－方/微信（位置2）/支付宝（位置3）/种类（一）/支出①/处罚②－钱/可以；

手机 　　　　APP  　　　　交通－管理（一）

1-2-1-2-3
（位置1）　　　　官①－方

十 交通驾驶

微信（位置2）   支付宝（位置3）

种类（一）  支出①

处罚②-钱  可以

（4）可以通过邮政代办点缴纳罚款；

> 手语：通过②/邮政编码（一）/代办－房/支出①/处罚②－钱/可以；

通过②   邮政编码（一）

代办－房

支出①   处罚②－钱   可以

（5）部分地铁站、便利店和银行内设有自助缴费终端机，可以处理罚款事宜。

> 手语：部分/地铁－站（位置1）、便利－房子（位置2）/和/银行（位置3）/内/有/自己－帮助－支出①－台②，支出①/可以。

部分

地铁－站（位置1）

便利－房子（位置2）

和

公共政务服务领域国家通用手语百句(试行)

银行(位置3) 　　内 　　有

自己－帮助－支出①－台②

支出① 　　可以